AF236681

Krystyna Kozak

Ein ganz gewöhnliches polnisches Mädchen

Umschlagfotos: 60 Jahre liegen zwischen diesen Fotos - das obere Foto ist ein Familienfoto der Familie Kozak nach dem II. Weltkrieg um 1949/1950, Krystyna Kozak Mitte rechts (© Krystyna Kozak)

das untere Foto vom 20.5.2010 zeigt Krystyna Kozak im Gespräch mit Schülern der Hochtaunusschule Oberursel (© Marc Fachinger)

© Fotos von Schüler*innenbegegnungen an der Hochtaunusschule (S.63f.) bei Erhard Weber, Hochtaunusschule Oberursel, Danke!

© Foto von Krystyna Kozak (S. 62) bei Maximilian-Kolbe-Werk

Neuauflage

Bibliografische Information der Deutschen Nationalbibliothek
Die Deutsche Nationalbibliothek verzeichnet diese Publikation in der Deutschen Nationalbibliografie; detaillierte bibliografische Daten sind im Internet über http://dnb.d-nb.de abrufbar.

Herstellung und Verlag
BoD - Books on Demand Norderstedt
ISBN: 978-3-7526-2957-6

Krystyna Kozak

Ein ganz gewöhnliches polnisches Mädchen

Erzählungen aus den Jahren 1939-1945
Eine Zeitzeugenrede vom 25. Mai 2010

transkribiert, überarbeitet, illustriert, mit Anmerkungen
und Vorwort versehen von Marc Fachinger

unterstützt durch:

Maximilian-Kolbe-Werk

Dem Bistum Limburg sei gedankt für die Gewährung der Zeit,
dieses Buchprojekt abzuschließen.

Aller Erlös aus dem Verkauf dieses Buches
geht an Krystyna Kozak.

Inhalt

Vorwort

Krystyna Kozak (geb. 1928 in Grudziądz/Polen), begegnete ich erstmals im Mai 2002. Ich arbeitete als Pastoralreferent in einer Kirchengemeinde, welche ihr Jahresprojekt dem Maximilian-Kolbe-Werk gewidmet hatte. Im Rahmen dessen sollte ein polnisches Ehepaar als Zeitzeugen der NS-Diktatur nach Königstein kommen. Der Ehemann wurde jedoch kurzfristig krank. So sprang, nach telefonischer Rücksprache mit Christoph Kulessa vom Maximilian-Kolbe-Werk, kurzfristig und spontan Krystyna Kozak ein.

Sie kam damals aus Grudziądz (die deutsche Bezeichnung – nicht nur 1939-1945 - lautet Graudenz) mit dem Zug über Frankfurt/Main nach Königstein zum Ursulinenkloster, wo sie übernachtete. Nicola Lauer, ein Kirchengemeindemitglied, holte sie damals am Frankfurter Hauptbahnhof ab. Sie erinnert sich, dass sie telefonisch mit Frau Kozak ausgemacht hätte, sie sei am Gleis an einem roten Anorak und einem Haarzopf erkennbar. Während sie dort am Bahnsteig auf Krystyna Kozak wartete, dachte sie darüber nach, was sie wohl mit ihr reden könne, was nicht belanglos und banal klänge. Sollte sie danach fragen, ob sie eine gute Reise gehabt hätte? Im Auto dann begann Frau Kozak gleich das Gespräch und sagte, sie freue sich riesig Frankfurt zu sehen. 1939 habe ein deutscher Offizier aus Frankfurt ihre Mutter bei der Geburt des jüngsten Bruders mit Kleidung aus Deutschland unterstützt.

Ja, Frau Kozak machte es einem nie schwer, dass man ihr als einer Überlebender des NS-Terrors mit leidvollen Erfahrungen gegenüberstand. Schon 2002 nicht, als ihre Arbeit als Zeitzeugin an Schulen und kirchlichen Institutionen begann (so war sie u.a. an Schulen in Ibbenbüren, Kassel oder Menden) und auch nicht 2011, als ich sie das letzte Mal an der Hochtaunusschule Oberursel als polnische Zeitzeugin für eine Woche begrüßen durfte.

Wie „wahr" ist Geschichte? Es gibt bis heute Menschen, die die unermesslichen und unvergleichlichen Gräueltaten der NS-Diktatur relativieren oder verleugnen.

Meine eigene Erfahrung und auch die Erfahrung von Wissenschaftlern, die sich mit der Erinnerung beschäftigen, sagen mir, dass nicht alles „stimmt", was ich erinnere. Jedoch ist der Grundduktus meiner Lebensgeschichte „wahr" und „erlebt".

Die Lebensgeschichte von Krystyna Kozak habe ich sicherlich über 20-mal gehört und hatte das Glück auf Autofahrten mit ihr weitere Einzelheiten zu erfahren. Manche Geschichten erzählte sie immer, andere kamen ab und an vor. Das hing auch immer stark von der Zeit ab, die ihr zur Verfügung stand und natürlich auch von den Fragen, die Schüler*innen ihr stellten.

Dabei war stets präsent – und das gilt wohl für alle Zeitzeugen in unterschiedlicher Ausprägung –, was Krystyna Kozak einführend zu ihrer Lebensgeschichte sagt: „Die Wunde blutet noch immer." Diese Erfahrung werden wir nachkommenden Generationen wohl nie in ihrer ganzen Tragweite erfassen können.

Frau Kozak hat immer Wert daraufgelegt, nur das zu erzählen, was sie selbst erlebt oder ihre Mutter ihr erzählt hatte. Und alles, was sie im Folgenden erzählt, lässt sich historisch nachweisen. Das unterstreichen auch die illustrierenden Fotografien. Sieben Monate war Krystyna Kozak im „Familienarbeitslager" Potulice. Dort waren in den Jahren 1941 – 1945 über 25.000 Polen inhaftiert, von denen 1.297 (namentlich, darunter 581 Kinder unter fünf Jahren) starben.[1]

---

[1] So bei Helga Hirsch, Rache ist eine Krankheit. Vgl. auch den polnischen Dokumentarfilm von 1999, Casus „Potulice". Ebenso vgl. auch Małgorzata Grabowska, et al. Potulice – ein Ort, zwei Erinnerungen, Oldenburg – Toruń 2009
In: Polski Związek Byłych Więźniów Politycznych Hitlerowskich Więzień i Obozów Koncentracyjnych 6.1.2005 wird eine Zahl von 60.000 inhaftierten und etwa 5.500 zu Tode gekommenen Polen ge-

Im August 2019 war ich zum vierten Mal in Oświęcim und der KZ-Gedenkstätte Auschwitz-Birkenau. In der Länderausstellung Polens im „Stammlager" fand ich das Plakat zu einer „Strafexekution in Graudenz" (Grudziądz) von 10 Geiseln. Frau Kozak hat meine Nachricht von diesem Fund am Telefon gefreut. Sie wusste von dem Plakat nichts, nur die Erzählung ihrer Mutter von den ersten zehn wahllos Erschossenen des Krieges auf dem Marktplatz in Grudziadz (vgl. Seite 20ff.).

Krystyna Kozak war dreimal als Zeitzeugin zu Gast an der Hochtaunusschule Oberursel. Am 25.Mai 2010 ergab sich die Gelegenheit, das, was sie erzählte aufzunehmen, wofür ich Michael Mann, der das technische Equipment mitbrachte und für die Aufnahme verantwortlich war, herzlich danke. Ich danke hier auch allen, die Krystyna Kozak in der Zeit ihrer Aufenthalte in Deutschland begleitet und unterstützt haben, namentlich nenne ich hier Nicola Lauer, Elisabethenschule Hofheim, welche auch das Manuskript vorab gelesen hat, und meinen ehemaligen Kollegen Peter Appelrath, der sich bis heute rührend um Frau Kozak sorgt, ebenso nach wie vor Heinz Massoth im Namen des Kollegiums der Hochtaunusschule.
Mein Dank geht an das Maximilian-Kolbe-Werk, welches bis heute unermüdlich dafür sorgt, dass wir diese „Letzten" noch fragen können. Namentlich seien hier Dr. Danuta Teresa Ko-

---

nannt. Meine Vermutung ist, dass hier die Zahlen der von 1941-1945 dort inhaftierten Polen (ca. 25.000, bei rund 1.300 Toten) und der von 1945-1950 dort inhaftierten Deutschen (ca. 35.000, bei knapp 5.000 Toten) zusammengerechnet wurden. In einer Filmdokumentation über das Arbeitslager Potulice von 2018 heißt es am Ende: „Am 21. Januar 1945 befanden sich 11.188 Personen in den Aufzeichnungen des Lagers. Die Sterberegister verzeichneten 1297 Personen, darunter 767 Kinder." Weiter heißt es dort aber auch: „Die Zahl der Häftlinge des Lagers in Potulice und der Menschen, die dort gestorben sind, ist nach wie vor schwer zu belegen."

nieczny und der Geschäftsführer Dipl.-Theol. Christoph Kulessa genannt.

Zu allerletzt und zu allererst gilt mein Dank Krystyna Kozak, die schon lange nicht mehr reisen kann, an den Folgen der Haftbedingungen von Potulice bis heute nicht nur körperlich leidet, allein in ihrer kleinen Wohnung in Grudziądz lebt und doch die meiste Zeit bei ihrer Schwester Teresa verbringt. Sie hat mir, nachdem ich ihr den transkribierten Bericht per Post zugeschickt hatte, im März 2020 telefonisch die Erlaubnis gegeben, damit zu machen und ihn so zu gestalten, wie ich es für richtig halte; einschließlich von zwei persönlichen Fotos (s. Titelseite und die Seiten 13 und 56).

Ihr hier schriftlich niedergelegter „Bericht" ist der Versuch, ihren Erzählstil soweit möglich beizubehalten und sanft grammatikalische Unstimmigkeiten zu verwandeln. Zur besseren Lesbarkeit habe ich Zwischenüberschriften eingefügt. Einige Anmerkungen sind dort ergänzt, wo sie mir notwendig erschienen.

Vom Arbeitslager Potulice sind in den letzten Jahren einige Dokumentationen (schriftlicher und filmischer Art) erschienen.[2] In diese zweite Auflage wurden weitere polnischsprachige Quellen aufgenommen. Die deutschsprachigen interessieren sich mehr für die Geschichte dieses Lagers nach 1945, als in Potulice über 35.000 Deutsche interniert waren, im Kontext der Vertreibung Deutscher aus Mittel- und Osteuropa.[3]

Rund 5,5 Millionen Polen starben unter der deutschen Besatzung, darunter knapp 3 Millionen Juden.

---

[2] vgl. auch die Literatur- und Quellenhinweise

[3] Nüchtern heißt es bei https://tygodnikbydgoski.pl, Ereignisse im Arbeitslager Potulice: „Nach dem Krieg richteten die Kommunisten im Lager in Potulice das Zentrale Arbeitslager für Deutsche ein, wo sie bis zu ihrer Umsiedlung nach Deutschland festgehalten wurden."

Wenn aus gewissen politischen Kreisen im Umfeld der Geschichte von Flucht und Vertreibung immer wieder auf Verbrechen an Deutschen hingewiesen wird, dann lässt sich zweierlei dazu sagen:

zum einen kursieren unter Vertriebenenverbänden sehr unterschiedliche Zahlen bezüglich auf der Flucht umgekommener Deutscher.

Zweitens darf es nie um Relativierung von Leid gehen. Wer dies tut hat nichts verstanden. Vertriebenenverbände haben leider eine oft sehr einseitige Sicht auf die Ereignisse nach 1944/1945 und vergessen gerne den Zusammenhang von Ursache und Wirkung.

Über Erinnerung ist viel gesagt worden, gerade in diesem Gedenkjahr 2020, in dem wir an 75 Jahre Befreiung des Konzentrationslagers Auschwitz und Ende des II. Weltkriegs erinnert werden.

H. G. Adler schreibt am Ende seines Buches „Theresienstadt 1941-1945" (S. 682):

„Nichts aus der Geschichte lernen steht als traurige Erkenntnis dafür da, daß wir nicht genügend lernen, aber alles, was die Menschheit je gelernt hat, verdankt sie ausschließlich der Geschichte (...) Der Mensch ist alles in seiner Geschichte."

Königstein, 15. Oktober 2020, Marc Fachinger

Einführung

Ich grüße euch sehr herzlich.

Ich bin sehr froh, dass ich von eurer Schule eingeladen worden bin, um mit euch zu sprechen. Ich muss euch sagen: das wird kein Vortrag sein, sondern ein Gespräch, von einem ganz gewöhnlichen Mädchen, über eine gewöhnliche Familie.

Die Kinder der Familie Kozak 1942. Linksstehend Krystyna Kozak, in der Mitte der jüngste Bruder.

Zuerst muss ich mich vorstellen:

Mein Name ist Krystyna Kozak, ich komme aus Polen, aus Graudenz (Grudziądz), die Stadt liegt an der Weichsel, etwa 120 km von Danzig entfernt.

Ich kam nicht hierher, um euch anzuklagen, um Beileid bei euch für mich zu finden, für das, was damals geschehen ist. Nein, ich kam, um euch zu zeigen, wohin Hass Menschen führen kann, wohin Hass ein Volk führen kann.

Ich erzähle nicht, was ich gelesen oder gehört, oder im Fernsehen gesehen habe. Ich erzähle nur die Geschichte meiner Familie und von mir. Das ist die Wahrheit. Das ist alles wahr.

In meinem Alter, nach so langer Zeit, vergesse ich, wohin ich gestern meine Brille hingelegt habe. Aber was damals geschehen ist, habe ich so frisch in Gedanken, dass ich jederzeit darüber erzählen kann. Das kann man nicht vergessen. Die Wunde blutet noch immer. Das war eine so schreckliche Zeit.

Die Zeit vor 1939

In meiner Stadt wohnten vor dem Krieg viele deutsche Familien.[4] Sie wollten gar nicht nach Deutschland. Sie hatten es gut in unserer Stadt. Wir meinten, dass das normal sei.

Die Deutschen hatten dieselben Rechte wie die Polen. Die Deutschen hatten Arbeit, und bekamen denselben Lohn wie die Polen. Das war recht so, dieselbe Arbeit derselbe Lohn.

---

[4] 1921 waren von den 33.520 Einwohnern Grudziądz' 6.940 Deutsche, also gut ein Fünftel der Bevölkerung. Vgl. Brockhaus 1930, 685. Die Bevölkerungsangaben für das 20. Jahrhundert sind jedoch recht uneinheitlich in der Literatur. So soll im Jahr 1910 der Anteil der deutschen Bevölkerung bei 84% gelegen haben. 1920 wurde Graudenz nach dem Versailler Vertrag an das wieder unabhängige Polen abgetreten.

Grudziądz, Blick vom Wieża Klimek, 2 km südlich von der Festung -
Twierdza Grudziądz. Die Brücke über die Weichsel wurde 1939 von der
polnischen Armee zerstört, dann wiederaufgebaut und 1945 von der
Roten Armee bei der Einkesselung von Grudziądz zerstört.

Bei uns gab es auch deutsche Schulen. Die deutschen Kinder
gingen in die deutsche Schule, die polnischen Kinder gingen
in die polnische Schule. Wir waren mit den Deutschen be-
freundet, es ging sehr gut. Die Deutschen konnten vor dem
Krieg deutsch sprechen, wir konnten polnisch sprechen.
Mein Vater hat in einem Gaswerk gearbeitet. Mein Vater
brauchte einen Vertreter, um nachzuschauen, ob die Produktion gut weitergeht, und das war ein Deutscher, Herr
Gräber. Wir wohnten in einer Dienstwohnung neben dem
Gaswerk. Die Familie von Herrn Gräber wohnte auch dort.
Wir im ersten Stock und Familie Gräber im Erdgeschoss.
Sonst wohnte niemand in dem Haus.
Wir waren mit der Familie sehr befreundet. Wir haben mit
den deutschen Kindern zusammengespielt. Wir sind zu-
sammen aufgewachsen. Die Familie Gräber hatte zwei Kin-

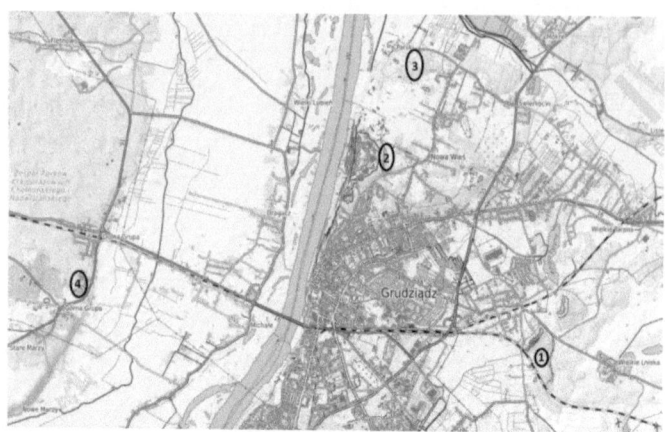

Topografische Karte von Grudziądz:1: die „Hafenberge" (Księżych Górach, s.u.), 2: die Festung Twierdza Grudziądz, 3: die höchste Erhebung Kępa Forteczna (86,1m), 4: der westlichste Hügel von Grudziądz, Górna Grupa (77m).

der, zwei Jungen, der eine, er war ein bisschen älter als wir, hieß Paul. Der jüngere Sohn Georg ist erst geboren, als wir dort schon gewohnt hatten. Wir sind zusammen aufgewachsen. Damals bekamen die Frauen die Kinder zuhause, nicht im Krankenhaus. Als Georg geboren wurde, hat meine Mutter den Paul betreut, hat gewaschen und Einkäufe gemacht. Wie das jeder Mensch für die Nachbarin macht.

Wir sind im Winter zusammen Schlitten gefahren, wir haben uns gegenseitig besucht. Wir Kinder konnten nicht deutsch sprechen. Aber uns Kinder hat das nicht gestört, wir haben uns mit den Händen unterhalten und wir haben uns gut verstanden. Es war herrlich. Mein Vater hat mit Herrn Gräber 16 Jahre zusammengearbeitet. Immer haben sie sich abgewechselt bei der Arbeit. Einer hatte die Aufsicht über die Produktion in der Nacht und der andere am Tag. Und in der nächsten Woche war das umgekehrt. Sie waren so befreundet, dass, wenn sie frei hatten, sie zusammen Karten gespielt haben. Meine Mutter und Frau Gräber haben zusammen Kuchen gebacken, Kaffee getrunken. Es war herrlich. Aber nur bis zu der Zeit als die Deutschen einmarschierten.

September 1939

Einmarsch der deutschen „Wehrmacht" in Grudziądz

Als die Deutschen in Grudziądz einmarschiert waren[5], kam Herr Gräber gleich zu meinem Vater und sagte: „Herr Kozak, Sie können nicht weiter hier arbeiten und auch nicht weiter hier wohnen." Mein Vater fragte: „Warum? Gestern war noch alles in Ordnung und heute kann ich hier nicht

---

[5] Dies war am 3. September 1939.

mehr wohnen. Warum?" Und Herr Gräber sagte: „Weil Sie mein Feind sind!"

Durch eine Nacht waren wir Feinde, nur weil wir Polen waren, obwohl wir 16 Jahre in großer Freundschaft zusammengewohnt haben.

Paul Gräber war noch keine 18 Jahre alt. Aber er hat sich gleich zur SS gemeldet. Georg, der jüngere, ging gleich zur Hitlerjugend. Er hatte einen Streifen am Arm mit Hakenkreuz, und kurze Hosen an.

Ab dieser Zeit haben sie uns nicht mehr angeschaut, sie kannten uns nicht mehr, obwohl wir gestern noch zusammen waren.

Aber das hat uns nicht weh getan, denn wenn es so ist, muss es so sein.

Aber wir mussten die Wohnung gleich verlassen. Herr Gräber kam zu uns und sagte: „Sie müssen raus, wir wohnen jetzt hier." In drei Tagen mussten wir die Wohnung räumen.

Gegenüber der Gasanstalt war eine Wohnung frei, wo Juden[6] wohnten. Sie waren geflüchtet, sie wussten wohl, dass es Krieg geben würde. Die Wohnung war leer, und da sind wir innerhalb von drei Tagen eingezogen. Mein Vater durfte nicht mehr in der Gasanstalt arbeiten. Denn er war der Feind.

Obwohl wir eine Dreizimmerwohnung hatten, wohnten wir nur in einer Stube, weil Polen keine Zuteilung zum Heizen bekommen haben, es gab keine Kohlen, nichts.

Mein Bruder ist im September 1939 geboren, und es wurde schon kalt, und wir hatten nichts zu heizen. So hat mein

---

[6] 1939 lebten noch 182 Juden in Grudziądz. 8 Jahre vorher waren es 677. Ein Jahr später lebte keiner mehr dort. Vgl Aschkewitz, Zur Geschichte der Juden in Westpreußen, 216

Vater die Möbel, die wir nicht brauchten in dieser Zeit klein gehackt und damit geheizt.

Auch konnten wir nicht so viel zu essen kaufen. Es gab Marken und Zuteilung. Wir Polen bekamen nur ein bisschen Marmelade, manchmal ein bisschen Schmalz. Und sehr wenig nasses schwarzes Brot. Die Deutschen bekamen bessere Zuteilungen. Es gab Geschäfte nur für Polen und nur für Deutsche. Und auf der Tür der deutschen Geschäfte stand. „Für Polen und Hunde Eintritt verboten!"

Das war schrecklich.

Erste Maßnahmen der deutschen Besatzung

Gleich nach dem Einmarsch der Deutschen wurde der Bevölkerung bekannt gegeben, dass alle Menschen zu einem großen Platz kommen sollten. Der lag hinter der Stadt, wo der Müll hingebracht wurde. Die SS würde den Polen bekannt geben, wie sie sich jetzt in der Zeit verhalten sollten, was sie machen durften, was verboten sei.

Da gingen die Leute hin, und sagten, wir haben mit den deutschen Familien zusammengelebt, und es war gut, was wollen uns die Deutschen wohl sagen. Es sollten nur die Erwachsenen Leute gehen, keine Kinder. Meine Eltern sind hingegangen und haben uns später alles erzählt.

Als der Platz ganz voll war, da kam SS und Gestapo und haben folgende Vorschriften den Polen gegeben: für Polen sei die Polizeistunde um 8 Uhr am Abend, ab da dürfen sie sich nicht mehr auf der Straße befinden; die Fenster müssten am Abend verdunkelt sein, kein Licht dürfe von außen zu sehen sein. Polen dürften weder mit Autobus noch mit der Straßenbahn fahren und dürften nicht zum Baden gehen. Alles war für Polen verboten. Sie durften sich am Tag nur in der Stadt aufhalten und nicht außerhalb der Stadt. Alles wurde bestraft. Dann wurde gesagt: wir sollten den Deutschen gegenüber freundlich sein. Wir waren freundlich den Deutschen gegenüber. Das war nichts Neues.

Dann wurde gesagt, wenn ihr das nicht machen werdet, dann seht, was mit euch geschieht. Meine Mutter sagte: „Da war eine solche Stille auf dem Platz." Was soll schon passieren? Wir machen das doch alles.

Gegenüber dem Platz war eine Garage, für die Feuerwehr. Und auf einmal sagte meine Mutter, wurde die breite Tür der Garage aufgemacht. Die Leute schauten und aus dem Raum führten 10 SS-Männer 10 Männer. Sie hatten die Augen mit einem Tuch zugebunden und die Hände auf dem Rücken gebunden. Meine Mutter sagte, was ist das, was sind das für Leute, woher sind sie? Und die SS-Männer führten die Männer und haben sie am Rande des Platzes aufgestellt. Da, wo der Müll lag.

Und die Leute sagten: Was wird hier geschehen? Was ist das?

Auf einmal ein Schrei, in einer Ecke des Platzes. eine Frau schrie und weinte, und schlug mit den Händen. Die Leute hielten sie fest. Und in einer anderen Ecke fing auch eine Frau an, laut zu schreien. Die beiden hatten ihre Männer erkannt, die dort standen, mit den verbundenen Augen und gefesselten Händen. Die eine Frau erzählte später, ihr Mann habe gesagt, dass er nach der Arbeit noch einen Kollegen besuchen wolle und er später nach Hause komme. Aber er kam nicht nach Hause. Und ich meinte, sagte die Frau, er saß zu lange beim Kollegen und es war 8 Uhr Abend geworden und er wollte wegen der Polizeistunde wohl nicht nach Hause. Und nun stand er dort.

Was waren das für Männer? Menschen, die einfach von der Straße genommen wurden. Die SS und die Gestapo kannten nicht die Namen dieser 10 Männer.

Später wussten die Leute Bescheid. Wenn ein Auto durch die Straßen fuhr und vorne saß Gestapo, war die Straße ganz leer, die Menschen haben sich versteckt, in einem Haus, hinter einem Strauch, damit sie nicht gefasst werden konnten.

Grudziądz liegt in einem Tal. Auf der einen Seite sind die Hafenberge[7] und auf der anderen Seite von der Weichsel steht die Festung.[8] Die Leute wurden einfach auf die Hafen-

---

[7] Wo genau die Hafenberge liegen konnte ich nicht recherchieren. Ich vermute, dass in der polnischen Sprache damit die „Księżych Górach" (wörtlich: Priesterberg) gemeint sind. Diese lagen nahe bei der Stadt (5 km von der Weichsel entfernt, auf deren östlicher Seite) und an diesem Ort sind Massenhinrichtungen bekannt.

[8] Ich hatte mir die Beschreibung der Lage von Grudziądz bildlich umgeben von quasi zwei Gebirgszügen vorgestellt. Die Festung Grudziądz (Twierdza Grudziądz) liegt auf der östlichen Seite der Weichsel mit 29 Höhenmetern. G liegt in einem Becken, mit drei Hügeln, die über 60 Höhenmetern liegen: Kępa Forteczna, der sich auf eine Höhe von 86,1 m ü.M. erhebt. Die anderen beiden sind Kępa Strzemięcińska und

berge gebracht und dort erschossen, so wie sie von der Straße geholt wurden. Wenn eine Frau gefragt wurde: „Wo ist dein Mann? Ich habe ihn schon lange nicht mehr gesehen." – „Er ist auf den Hafenbergen." Wenn ein Mensch länger als ein Tag nicht gesehen wurde, wurde gesagt, er ist auf den Hafenbergen.

So war es und so geschah es nun diesen 10 Männern. Sie wurden einfach von der Straße genommen. Meine Mutter sagte, die Leute dachten sich etwas. Mit verbundenen Augen und Händen? Was wird geschehen? Nein, hier kann nichts Böses geschehen. Nein, das ist nur ein Spiel. Die Deutschen wollen uns Angst machen, damit wir ihre Befehle ausführen. Aber nein, das war kein Spiel. Auf einmal kam ein Auto, aus dem SS heraussprang, zehn Männer mit Gewehren, gegenüber jedem polnischen Mann stand ein SS-Mann. Und immer noch sagten die Leute, das ist der letzte Akt, sie werden die Männer frei lassen. Aber der Offizier gab den Befehl zum Schießen und sie haben geschossen. Meine Mutter sagte, das war etwas Schreckliches. Nicht alle Männer waren von einem Schuss tot. Manche schrien etwas, manche wollten aufstehen, fielen hin. Da kam der Offizier mit einer kleinen Pistole und schoss jedem in den Kopf. Meine Mutter sagte, die Leute waren so erschreckt. Sie waren wie betäubt.

Und der Offizier sagte laut: „Jetzt geht ihr nach Hause. Sagt euren Verwandten, Bekannten oder den anderen, die hier nicht waren, sie sollen kommen, die Männer werden hier bis zum Abend liegen, sich anschauen, was mit euch geschehen wird, wenn ihr unsere Befehle nicht erfüllt."

Meine Mutter ist am Nachmittag noch einmal zu dem Platz gegangen und hat gesehen, wie die Frauen mit den Kindern

---

Górna Grupa. Letzterer liegt westlich der Weichsel. Alle liegen im Umkreis von 5 km.

da bei ihrem Vater standen und weinten, bis zum Abend standen sie mit den Kindern da und weinten und sahen, wie der Mann, der Vater im Blut lag. Meine Mutter sagte, das war etwas Schreckliches. Aber dann am Abend - der Platz war bewacht, man durfte nicht ganz nah heran gehen - wurden die Leichen auf den Müll geworfen.

Die Leute waren so erschreckt.

Wir hatten einen Garten. Um den Weg dahin abzukürzen, hatten wir immer den Platz überquert. Aber seitdem haben wir immer den längeren Weg genommen, um nicht aufzufallen. Ich habe einmal gesehen, dass da eine Blume am Platz lag und einmal brannte eine Kerze. Es war gefährlich, so etwas zu tun.

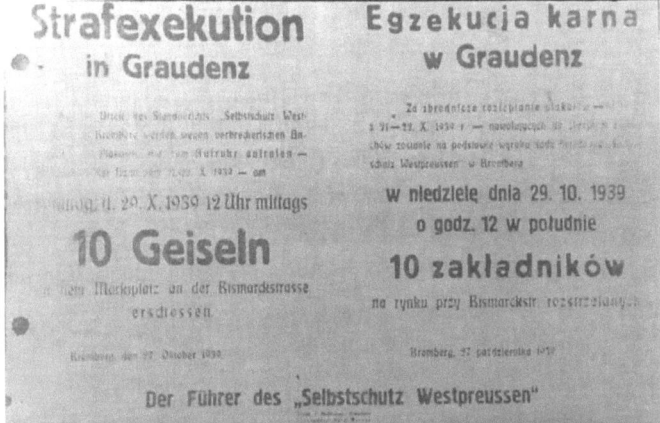

Die Erschießung von 10 Menschen aus Grudziądz wird für den 29.10.1939 verkündet vom „Führer des ‚Selbstschutz Westpreussen'".[9]

---

[9] Dieser war SS-Oberführer Ludolf von Alvensleben. Der sogenannte "Selbstschutz Westpreussen" war eine paramilitärische Polizeiformation, deren Mitglieder aus Vertretern der in Polen lebenden deutschen Minderheit rekrutiert wurden. Von Alvensleben werden zahlreiche Gräueltaten während des Zweiten Weltkriegs zur Last gelegt, für die er nie zur Rechenschaft gezogen wurde, weil er nach Argentinien flüchtete.

Das waren die ersten Opfer des Krieges in Grudziądz. Nicht durch Bomben, sondern von der Straße genommen und einfach erschossen.

Deutsch lernen in der Schule

Dann wurde gesagt: „Alle polnischen Kinder müssen in die deutsche Schule gehen, um Deutsch zu lernen." Wir brauchten vor dem Krieg kein Deutsch lernen, so wie die deutschen Kinder nicht polnisch lernen mussten.

Nun wurden die Klassen nach Alter eingeteilt, aber mit den deutschen Schülern, die schon immer dort gelernt hatten.

In meiner Klasse waren 7 polnische Kinder. Wir saßen zwischen den deutschen Schülern.

Als der Lehrer in die Klasse kam, standen alle auf. An der Wand hing ein großes „Führerbild Adolf Hitler". Und dann haben die Schüler so etwas gesprochen - am Anfang wusste ich nicht, was das ist – wie ein Gedicht oder ein Gebet. Aber ich musste es nachsagen, aber ich verstand nicht, was ich sagte. Mit der Zeit hatte ich es gelernt, es ging so:

„Führe uns, in deinen Händen liegt das Schicksal von Millionen, die in deinem Herzen wohnen."[10] Ich wohnte bestimmt nicht in Hitlers Herz, aber ich musste das sagen.

Dann sagte der Lehrer: „Jetzt könnt ihr sitzen. Aber die Polen bleiben stehen."

Wir sieben polnischen Kinder durften uns die ganze Zeit nicht hinsetzen, sondern mussten stehen bleiben, stehend antworten, stehend schreiben, stehend lesen, nur stehen.

---

[10] Auf einem „Huldigungsplakat für den großen Verführer" endet dieses „Gebet" mit „... denen du ein Glaube bist. – Führe uns!"

Der Lehrer wusste, wer deutsch und wer Pole war.

Er kam gleich zu mir mit einem Buch: „Du Kozak, lies." Ich konnte kein Wort Deutsch. Meine Mutter, mein Vater konnten Deutsch, aber wir hatten kein Deutsch gelernt. Und ich sollte nun deutsch lesen. Aber ich kannte keinen deutschen Buchstaben.

„Oh, du kannst nicht lesen. Du bleibst nach dem Unterricht in der Schule, und wirst lesen lernen; so lange, bis die Putzfrau die Schule sauber gemacht hat. Dann kannst Du nach Hause gehen. Morgen musst du lesen können."

Wie sollte ich das lernen, wenn ich nicht wusste, was da geschrieben ist? Die Putzfrau hatte Mitleid mit mir und sagte: „Mädchen, ich würde dich gerne nach Hause lassen, aber ich habe Angst." Aber ich konnte nicht lesen lernen, und habe der Putzfrau bis zum Abend geholfen. Dann bin ich nach Hause gegangen. Als ich ankam, sagte meine Mutter: „Krystyna, du musst nach Hause kommen. Ich dachte schon, Du seiest auf den Hafenbergen."

Ich sagte: „Mutti, bis morgen muss ich das lesen." Meine Mutter konnte deutsch und saß mit mir die halbe Nacht und hat mir alles vorgelesen, und ich habe wiederholt. Und ja, es ging irgendwann. Ich habe den Text aber nur auswendig gelernt, ich konnte ihn nicht verstehen. Gleich am nächsten Tag kam der Lehrer und sagte von der Seite: „Kozak, lesen." Ich habe gelesen, vom Anfang an. Aber er wusste, dass man durch einen Nachmittag nicht lesen lernen kann. Er kam zu mir, und sagte: „Und das Wort da in der Mitte, und das. – Mensch, du hast nicht gelernt, du kannst nicht lesen. Du wirst bis morgen hundertmal aufschreiben: Ich konnte nicht lesen."

Ich sagte es meiner Mutter. Sie schrieb mir den Satz auf und ich schaute, wie es aussieht und habe dann hundertmal geschrieben: Ich konnte nicht lesen.

Ich habe die deutsche Sprache gehasst. Sie kam mir so schwer vor. Als ich dann verstand, was ich lese und was ich sage, dachte ich: die deutsche Sprache ist doch schön. Wenn man sie normal lernt. Aber nicht so, wie wir Polen sie lernen mussten.

Zwangsarbeit für Kinder

Dann wurde gesagt: polnische Kinder dürfen nur bis 14 Jahre in die Schule gehen, dann müssen sie aufs Land arbeiten.[11] Mit 14 Jahren waren wir noch Kinder, heute ist das anders. Zuhause mussten wir Kinder nicht arbeiten.

Mit 14 mussten wir also beispielsweise aufs Land zu deutschen Bauern. Meine ältere Schwester hat eine Arbeit bei einer deutschen Familie aus Augsburg bekommen. Sie hatte Glück, es war in der Stadt, sie hat auf die Kinder aufgepasst und sollte das Haus putzen. Eines Tags kam sie nicht nach Hause, und den Tag drauf kam sie auch nicht. Da ging meine Mutter zu dem Haus hin, doch das Haus war geschlossen, und keiner wusste, wo die Familie war. Die Frau des Hauses war mit der Familie nach Augsburg gefahren und hat meine Schwester einfach mitgenommen. Sie hat meine Mutter nicht informiert. Die Deutschen konnten mit den Polen alles machen.

---

[11] Vgl hierzu die wohl Pionierarbeit leistende Studie von Johannes-Dieter Steinert, Deportation und Zwangsarbeit 2013

Meine Mutter ging mit meiner zweiten Schwester zum Arbeitsamt und da waren die deutschen Bauern. Und sie konnten sich aussuchen, wen sie zur Arbeit mitnehmen wollten. Und sie schauten auf die erschreckten Kinder. „Der ist zu klein, der ist zu blass, aber der ist stark, der kann arbeiten." Und wenn sie mitgenommen wurden, mussten sie auf deren Wagen aufsteigen.

Als meine Schwester von einem Bauer mitgenommen wurde, fragte meine Mutter: „Wohin fahren Sie mit meiner Tochter?" Aber der Bauer ist einfach gefahren, und meine Mutter lief hinter dem Wagen her. Sie wollte wissen, in welche Richtung ihr Kind geht. Aber sie durfte sich als Polin ja nur in der Stadt bewegen und so ging sie nur bis zur Brücke über die Weichsel, da standen deutsche Posten. Danach gab es keine Nachricht mehr von meiner Schwester, was sie macht, ob sie lebt, ob sie krank ist, nichts.

Und dann war ich als dritte an der Reihe, wieder ging es zum Arbeitsamt. Aber ich hatte Glück. Meine Mutter sagte zu der Frau im Arbeitsamt: „Lassen Sie mir das Kind hier in der Nähe, in Grudziądz, ich habe schon 2 Töchter und weiß nicht, wo sie sind." Da sagte die Frau „Wir werden mal sehen." Ich habe Arbeit bei einem SS-Mann bekommen. Das war eine Familie mit zwei Jungen. Woher sie kamen weiß ich nicht. Die deutschen Familien, die nach Grudziądz kamen, gingen einfach in eine Siedlung, in der einigermaßen reiche Polen wohnten, und suchten sich ein Haus aus. Die polnische Familie musste die Deutschen hereinlassen, es war immer Polizei dabei. Und wenn die Deutschen sagten, hier wollten sie wohnen, wurde die polnische Familie einfach ins Lager gebracht. Und bei einer solchen deutschen Familie war ich angestellt, zum Kochen, zum Putzen, für alles.

Ich hatte eine solche Angst vor dem SS-Mann, vor seiner schwarzen Uniform. Aber er hat mich nicht angeschaut, hat kein Wort zu mir gesagt. Er wollte wohl mit keiner Polin sprechen. Aber ich war sehr glücklich, dass er nicht mit mir sprach.

Die Kinder waren nicht groß, der Klaus vielleicht 6 Jahre, der Karl-Heinz vielleicht 4 oder 5 Jahre alt. Aber sie waren sehr schlecht zu mir. Sie spuckten mich an, nannten mich „Schweine-Polin". Sie brachten vom Sandkasten Hände voll Sand und bestreuten die Teppiche und sagten „Du Polin, mach das sauber." Ich bekam keinen Staubsauger, ich musste auf den Knien mit einer Schaufel und einer Bürste die ganze Wohnung sauber machen. Die Mutter hat das gesehen, aber sie sagte nichts zu ihren Kindern.

Der Kleinere hätte schon zur Toilette gehen können, aber er hat in die Hose gemacht und gesagt. „Du Polin, mach mir den Popo sauber."

Meine Mutter sagte zu mir „Mach alles und sag nichts. Sonst gehst du woanders hin aufs Land und ich weiß nicht, wohin."

Armut und Hunger

Wir hatten sehr großen Hunger. Mein Bruder ist Anfang des Krieges geboren. Er hat immer geweint. Nicht weil er krank war, sondern weil er Hunger hatte. Meine Mutter bekam einen Liter Magermilch für die ganze Woche. Mein Bruder hatte immer Hunger.

Einmal hat meine Mutter Frau Gräber, unsere ehemalige Nachbarin, in der Stadt getroffen. Sie hatte wohl etwas Mitgefühl mit uns. Sie waren ja früher sehr befreundet gewesen.

Frau Gräber sagte zu meiner Mutter: „Frau Kozak, kommen Sie morgen um 11 Uhr zu mir. Ich habe Kuchen gebacken, und ich gebe Ihnen etwas. Ich werde allein zu Hause sein."
Sie hatte anscheinend Angst vor ihren Söhnen.
Meine Mutter erzählte das meinem Vater. Mein Vater sagte: „Geh nicht zu Frau Gräber."
Aber eine Mutter macht alles für ihr Kind. Denn sie sah immer, wie der Kleine hungrig war und essen wollte. Und so ist sie gegangen, hat meinem Vater nichts gesagt, auch wenn sie sich sonst immer einig waren.
Frau Gräber hat schon auf meine Mutter gewartet. Als meine Mutter die Treppen hochging zu unserer ehemaligen Wohnung, stand sie dort. Frau Gräber hat sie hereingebeten, sie sei allein. „Ich gebe Ihnen gleich den Kuchen." Doch kaum saß meine Mutter in der Küche, ging die Tür auf und an der Tür steht Paul, der ältere Sohn von Frau Gräber, der sich freiwillig zur SS gemeldet hatte. Er stand dort in schwarzer Uniform, im schwarzen Mantel mit SS-Zeichen, auf der Mütze der Totenkopf. Er stand an der Tür und schaute meine Mutter an. Meine Mutter sagte, wenn Augen töten könnten, wäre sie nicht mehr am Leben. Mit welchem Hass er auf sie geschaut habe. Der Paul, der jeden Tag bei uns gegessen hatte und mit uns gespielt hatte, dieser Paul, der 16 Jahre zusammen mit uns gelebt hatte, schaute so auf meine Mutter herab. Frau Gräber war aufgeregt: „Paul, komm herein, du bist schon da. Ich habe Mittag gekocht. Du kannst essen."
Paul sagte: „Ich werde nichts essen. Ich bin so müde, ich habe so tüchtig gearbeitet." Meine Mutter war sprachlos. Und wieder sagte Frau Gräber etwas, um die Situation zu beruhigen. Paul ging in der Küche hin und her, aber schaute nicht auf meine Mutter und sagte zu seiner Mutter: „Was habe ich heute gemacht, Mutter?" Frau Gräber hat nicht

gefragt, sie hatte wohl Angst vor der Antwort. Aber er wollte wohl vor meiner Mutter sagen, was er sagen wollte: „Mutti, weißt du, was ich gemacht habe? Ich war heute Vormittag auf den Hafenbergen und habe die Polen erschossen."

Ein Mensch, der in Polen geboren war, der hier in die Schule gegangen war, der nichts Böses von Polen erfahren hat, er war kaum 18 Jahre alt. Meine Mutter sagte, er habe seinen Kopf stolz nach oben gereckt. „Wenn ich die Männer erschossen habe, hat mir das Spaß gemacht. Aber da waren auch Frauen und Kinder dabei. Wenn die Frauen auf den Knien mir die Füße geküsst haben und um das Leben für ihre Kinder gebettelt haben, das ging mich ein bisschen an. Aber ich habe geschossen, denn es wurde mir befohlen."

War das ein Mensch? Ihm hat das Töten Spaß gemacht. Meine Mutter sagte, sie sei aufgestanden und habe auf keinen Kuchen gewartet. Wie betrunken sei sie nach Hause gewankt. Wo war ich? Drei Tage hat sie mit niemandem gesprochen. Mein Vater wusste von nichts. Er fragte: „Bist du krank? Was ist geschehen?" Meine Mutter sagte, sie habe Kopf- oder Zahnschmerzen. Wir wussten von nichts. Sie konnte das nicht verdauen.

Nach drei Tagen hat sie es meinem Vater erzählt. Und mein Vater sagte: „Siehst Du, ich habe gesagt, geh nicht."

Aber nicht alle Deutschen waren so. Viele haben uns sehr geholfen. Das waren unsere Bekannten. Auch wenn die Deutschen uns nicht helfen durften. Ein Deutscher, der Polen half, und die Gestapo erfuhr etwas davon, ging ins Lager oder wurde anders bestraft.

Manchmal hing an unserer Tür ein Beutel, mit einem Stückchen Brot oder zwei Tomaten. Wir wussten, dass das keine Polen waren, denn diese hatten nichts.

Ponton-Brücke über die Weichsel Oktober 1939

Schwester Teresa

Meine Schwester Teresa, die bei einem Bauer gearbeitet hat, 14 Jahre alt war sie zu der Zeit, hatte Sehnsucht nach meiner Mutter, sie wollte sie sehen und nach Hause gehen, aber die deutsche Frau durfte sie nicht nach Hause lassen. Meine Schwester: „Lassen Sie mich nach Hause gehen, meine Mutter und meinen Vater sehen. Lassen Sie mir einen Sonntag. Ich werde nacharbeiten." Aber die Bauernfrau sagte: „Nein, das darf ich nicht." Einmal aber sagte sie: „Na, geh, aber pass auf, dass du nicht auf der Hauptstraße gehst, damit du nicht kontrolliert wirst." Man musste immer einen Ausweis zeigen. „Also geh nur auf Feldwegen und durch den Wald." „Ja", sagte meine Schwester, „ich werde gehen und am

Abend zurück sein." Sie ging um 5 Uhr morgens. Sie musste über die Weichsel, das wusste sie. Sie ging durch den Wald und schaute, dass sie keinen Menschen begegnete. Da kam sie an die Weichsel und sah den Turm der evangelischen Kirche. Daneben wohnten wir. „Dort ist die Kirche, dort ist die Wohnung, ich werde hingehen." Aber sie musste über die Brücke. Aus den Sträuchern schaute sie, da standen zwei SS-Männer an der Brücke und bewachten die Brücke. Sie hat sich gleich versteckt. Aber die beiden haben sie entdeckt. Sie sagten: „Komm her! Wer bist du? Dein Ausweis!" Sie zeigte ihren polnischen Ausweis. „Woher kommst Du?" Sie hatte solche Angst, und sie sagte alles. „Ich will zu meiner Mutter und zu meinem Vater. Ich will sie nur sehen und gehe gleich zurück zu meiner Arbeit." „Du verfluchte Polin, schnell zurück." Sie war schon an der Brücke und wäre bald daheim gewesen. 14 Jahre alt war sie und sie musste zurück, 15 km waren das. Sie ging zurück zu dem Bauernhof. „Oh, Teresa, bist Du schon zurück?"

Ingeborg Mischeck

In der Schule hatte ich eine deutsche Freundin, sie saß neben mir. Sie hieß Ingeborg Mischeck. Sie war sehr nett. Sie hat mit mir gesprochen, andere deutsche Schüler betrachteten mich sehr feindlich. Aber Ingeborg hat mit mir gesprochen, das hat mir gutgetan. Ich war manchmal bei ihr zuhause. Eines Tages sagte sie zu mir: „Krystyna, ich möchte ins Freibad gehen, aber alleine darf ich nicht." Aber es war für Polen verboten, baden zu gehen. „Meine Mutter hat gesagt, wenn Du mit Krystyna gehst, lass ich dich gehen." Auch wenn ich Polin war und es verboten war, ich wollte gerne baden. Ingeborg sagte: „Wenn ich sage, Du bist meine Freundin und ich meinen deutschen Ausweis zeige, werden sie dich hineinlassen." Also habe ich meinen Badeanzug genommen und wir sind zur Badeanstalt gegangen. Ingeborg zeigte ihren Ausweis. Ich zeigte meinen Ausweis. „Du Pole, kannst Du nicht lesen, für Polen verboten. Schnell heraus." Aber Ingeborg sagte: „Das ist meine Freundin." – „Raus, sonst werde ich die Polizei rufen." Ich musste raus und Ingeborg rief: „Krystyna, ich muss mit dir zurückkommen. warte auf mich!" Sie ging baden und ich stand am Zaun und hielt mich daran fest und schaute, wie die Deutschen dort badeten und Spaß hatten. Zwei Stunden stand ich am Zaun und habe geweint, ich durfte nicht in das Wasser gehen. Dann kam Ingeborg und war sehr zufrieden. Ich kam mit dem trockenen Badeanzug nach Hause.

Die Polen fühlten sich immer schlecht. Denn alles war für Polen verboten. Bis heute kann ich nicht schwimmen, weil ich es nie lernen konnte.

Die Volksliste

Dann wurde gesagt, dass alle Polen die sogenannte Volksliste unterschreiben sollten[12]. Das bedeutete, dass sie ab dieser

---

[12] Formaljuristisch musste, wer in die „deutsche Volksliste" aufgenommen werden wollte und so „Deutscher" sein wollte, einen Antrag stellen. Tatsächlich jedoch wurde vielen Polen ein ausgefülltes Antragformular zur zwangsweisen Unterschrift vorgelegt. Wer in diese „deutsche Volksliste" aufgenommen war, erhielt die deutsche Staatsangehörigkeit in einer viergeteilten Einstufung. „Juristisch" wurde dieses Vorgehen in der „Verordnung über die Deutsche Volksliste und die deutsche Staats-

Zeit keine Polen mehr sein sollten, sondern Deutsche. Es wurde versprochen, dass die Kinder nicht zur Arbeit gehen müssten und weiter lernen könnten. Die Männer bekämen bessere Arbeit, die Familien bekämen eine bessere Zuteilung. Das alles wurde versprochen, wenn die Volksliste unterschrieben wurde.

Viele Leute haben unterschrieben. Aber mein Vater sagte: „Nein, ich unterschreibe nicht." Mein Vater war ein großer Patriot. Er hat sein Vaterland so geliebt. Ihr wisst vielleicht ein wenig von Polens Geschichte. Polen war oft bedrückt. Aber wo um die Freiheit Polens gekämpft wurde, war mein Vater dabei. Er wollte ein freies Vaterland. Mein Vater war ein einfacher Mensch. Er sagte: „Ich soll Deutscher sein, nur wegen ein bisschen Fleisch oder Butter?" Die Leute auf der Straße sagten zu ihm: „Herr Kozak, schauen Sie, welche Arbeit Sie tun müssen. Unterschreiben Sie doch die Liste. Unsere Kinder gehen in die Schule. Ich habe gute Arbeit in der Fabrik, mehr zu essen."

Aber mein Vater sagte: „Ich bin Pole. Ich unterschreibe nicht."

Welche Arbeit bekam mein Vater? Er bekam einen Wagen mit zwei Rädern und musste eine ganze Straße vom Müll reinigen. Er hatte keine Schaufel, keine Handschuhe. Den Müll musste er an den Rand der Stadt bringen. Er hat das gemacht, er würde alles machen, was die Deutschen sagen, aber er wollte Pole bleiben.

Da war ein Pastor Gürtler, mit dem mein Vater befreundet war.[13] Mein Vater war Imker, der Pastor auch. Eines Tages

---

angehörigkeit in den eingegliederten Ostgebieten vom 4. März 1941" im Reichsgesetzblatt I, 118 festgelegt.

[13] Paul Gürtler, Pastor der Evangelisch-Augsburgischen Kirche, feierte 1953 sein 50-jähriges Amtsjubiläum. In „Berichte von Angehörigen der

kam der Pastor zu meinem Vater: „Herr Kozak, unterschreiben Sie die Liste. Ich habe eine geheime Nachricht von der Gestapo. Wenn Sie das nicht tun, kann mit Ihrer Familie etwas Böses geschehen." Mein Vater sagte: „Wenn das eine geheime Nachricht war, hätten Sie mir das nicht sagen dürfen. Aber ich unterschreibe doch nicht."

Und da sagte der Pastor: „Da sehe ich, dass Sie das Vaterland mehr liebhaben als die Familie."

Ich weiß nicht, ob mein Vater verstanden hat, um was es ging. Von Lagern war nicht so viel bekannt. Vielleicht wussten einige etwas davon. Jeder hatte Angst, davon zu sprechen. Es dauerte nicht lange.

Die Inhaftierung

Eines Morgens um 5 Uhr war ein lautes Klopfen an unserer Tür. Hunde bellten. Wir schliefen alle in einer Stube. Es war Sommer. Mein Vater stand schnell auf, zog sich an und ging die Tür aufmachen. Da stand Polizei mit zwei großen Hunden und mein Vater sagte „Was wünschen Sie?" Da hat ein junger SS-Mann meinen Vater ins Gesicht geschlagen. „Verfluchte Polen, schnell anziehen und raus." Die Hunde ließen sie von den Leinen, nahmen ihnen vorher den Maulkorb ab und die Hunde rannten in das Zimmer, wo wir schliefen. Wir waren 5 Kinder und die Eltern, 7 Personen. Die Hunde bellten und die Gestapo schrie „Schnell, schnell, anziehen und raus." Ich lag im Bett und war so erschreckt. Ein Hund

politischen Führungsschicht aus den ostdeutschen Vertreibungsgebieten zum Zeitgeschehen von 1939-1945" gibt es von ihm „Die evangelische Kirchengemeinde Graudenz vor ihrem Untergang 1945". Diese Schrift lagert u.a. als Ost-Dok.8 im Bundesarchiv.

sprang auf mein Bett und hielt mich und bellte mir ins Gesicht. Ich war so erschreckt. Ich sah nur die rote Zunge und die weißen Zähne und die Augen. Mein Bruder war damals 4 Jahre alt, er weinte so laut. Man sagte uns: das, was wir im Sommer angezogen hatten, sollten wir anziehen, nicht mehr. Schnell anziehen und raus. Meine Mutter fragte den SS-Mann, ob wir noch etwas mitnehmen sollen. Wir würden nichts brauchen, sagte er. Da meinte meine Mutter, wir gehen zu den Hafenbergen und werden erschossen.

Als wir draußen waren, sahen wir, dass wir nicht Richtung Hafenberge gingen. Wir wurden in eine andere Richtung geführt, Richtung Bahnhof.

Da stand ein Viehwaggon, der an einen Personenzug angekoppelt war. Wir mussten in den Viehwaggon einsteigen. Es war ganz dunkel darin. Nur eine kleine Luke oben brachte Luft. Die SS-Männer mit den Hunden fuhren im Personenzug und wir im Viehwaggon, saßen auf dem Boden. Wir

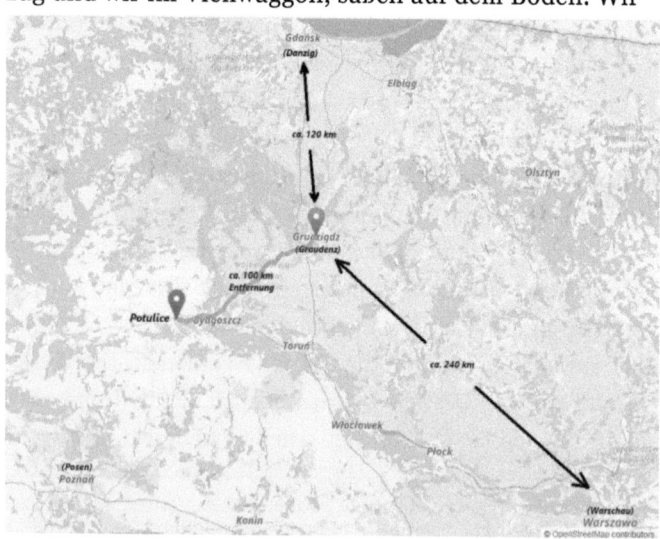

Das Arbeitslager Potulice, ca. 100 km von Grudziądz entfernt.

wussten nicht, wie lange und in welche Richtung wir fahren.
Manchmal stand der Zug und dann ging es weiter. Wir wussten nicht, wo wir sind. Auf einmal stand der Zug, die Tür
wurde aufgemacht und da stand ein Lastwagen und wir
sollten umsteigen. Da war ein Mann, der uns geholfen hat.
Mein Vater fragte den Mann. „Wo sind wir? Welcher Ort ist
das?" Aber der Mann antwortete nicht, es war ein Häftling
aus dem Lager, der nicht mit uns sprechen durfte. Wir fuhren mit dem Auto durch einen Wald. Nur ein schmaler
Sandweg für ein Auto war da. Auf einmal lag links ein Lager
und wir sahen ein großes Tor. Immer wurden wir gezählt, ob
alle da seien. Die Gestapo, die uns begleitet hatte, überstellte
uns ans Lager und wieder wurden wir gezählt. Zum Ab-
schied sagte die Gestapo zu uns: „Jetzt seid ihr in eurer
Heimat." Das Lager war unsere Heimat.

Menschen kommen im Lager Potulice an

Das Lager – der Anfang

Es gab Lager nur für Männer, Lager nur für Frauen, aber das
hier war ein Lager für die ganze Familie. Da waren Großel-

tern, Eltern, Kinder, Enkel. Meine Schwester, die bei dem Bauern gewohnt hatte, wurde nach zwei Tagen auch von der Gestapo ins Lager gebracht. Alle Familien sollten wohl zusammen sein.

Schon am Tor bekam jede Familie eine Nummer. So war es: der Vater bekam A, die Mutter B, die Kinder weiter C. Meine Nummer war 5742D. Und ab dieser Zeit hatten wir keinen Namen mehr. Ich war nicht Krystyna Kozak, ich war 5742D. Und wenn der Wachmann mit dem Finger auf mich zeigte, musste ich gleich meine Nummer sagen. Wir waren keine Personen mehr, sondern nur noch Nummern.

Wir wurden dann in einen großen Raum geführt, viele Menschen saßen auf dem Boden, Frauen, Kinder, so wie sie dahin gebracht worden waren. Erschreckte Gesichter, manche hatten Säcke dabei. Viele hatten unnütze Sachen in die Säcke gepackt, weil alles so schnell ging, z.B. einen Teppich, sie waren wie betäubt gewesen.

Dann kam der Lagerführer, schaute uns an und sah sehr zufrieden aus und sagte: „Ihr habt Läuse, wir müssen euch die Haare abschneiden." Wir hatten keine Läuse. Dann kamen vom Lager Frauen, Häftlinge mit Handmaschinen und schnitten allen Leuten die Haare ab, bis zum kahlen Kopf. Heute ist das eher modisch. Aber damals waren es nur Leute, die beim Militär oder im Gefängnis waren. Und hier betraf es auch Frauen, Haare waren doch etwas Schönes. Allen wurden die Haare abgeschnitten, Alten und Jungen. Wie die Leute teilweise geweint haben und ich konnte meine Mutter nicht mehr erkennen, der weiße Kopf ohne Haare. Bei jedem lag ein großer Haufen Haare.

Als die Frauen fertig waren, kam der Lagerführer wieder und war sehr zufrieden. Dann sagte er: „Ihr seid dreckig, ihr müsst duschen und eure Bekleidung muss zur Desinfektion gehen. Ihr habt Insekten." Wir hatten keine Läuse.

Es wurde gesagt: „Ausziehen!" Jede Familie bekam einen Sack und sollte die Kleidung in den Sack stecken. Und in dieser Zeit sollten wir duschen.

„Ausziehen!" Die Frauen haben die Blusen ausgezogen, die Männer die Hemden. „Alles ausziehen!" Wie, alles ausziehen? Hier sind Männer, Kinder, Jugendliche, Frauen – und sich ausziehen? Damals war das nicht zu verstehen. Vor dem Krieg einen Menschen nackt zu sehen war nicht vorstellbar. Ich habe meine Mutter nie im Nachthemd gesehen. Immer wenn sie aus dem Schlafzimmer kam hatte sie einen Schlafrock an. Ich war jung. Aber die alten Leute, wie mir das Leid tat, dass sie sich ausziehen mussten. Alle schämten sich. Sie saßen, sie knieten sich und wollten die nackte Gestalt schützen.

Man wollte uns so niederschlagen. Wir waren unserer Menschlichkeit beraubt. Wir hatten schon keinen Namen mehr, waren nur Nummer, hatten keine Haare mehr und jetzt standen wir ganz nackt da und hatten nichts. Das war für uns schlimm.

Dann sollten wir in den Raum gehen, in dem Duschen waren. Jeder sollte sich unter eine Dusche stellen. Keiner stand, alle saßen oder knieten unter den Duschen und wollten ihre nackte Gestalt schützen. Wir sagten: „Was können uns die Deutschen noch antun?"

Auf einmal kam das kalte Wasser über den kahlen Kopf. Aber das hat uns ein bisschen abgekühlt. Wir wussten nicht mehr, was mit uns geschah. Ohne Handtuch, ohne Seife. Wir fühlten das kalte Wasser auf Kopf und Körper.

Dann wurde das Wasser abgedreht, die Säcke waren wieder zurück. Jeder sollte sich seinen Sack aussuchen. Mein Vater fand unseren Sack. Wir waren nass. Aber es war uns egal. Als mein Vater die Bekleidung ausschüttete, war sie wirklich desinfiziert, in solcher Hitze, dass die Kleidung noch heiß war. Alles war so zerknüllt und wurde nie mehr glatt und fühlte sich an wie Filz. Was wir zurück bekamen zogen wir an. Es war uns schon egal, was mit uns geschehen wird. „Was kann uns noch mehr geschehen?"

Das Lager – die Baracke

Wir wurden in eine große Holzbaracke geführt. In einer Baracke wurden 300 Menschen untergebracht. Da waren Pritschen, dreistöckig. Von einer Pritsche bis zur anderen war nur ein kleiner Abstand. Man musste sich immer in die

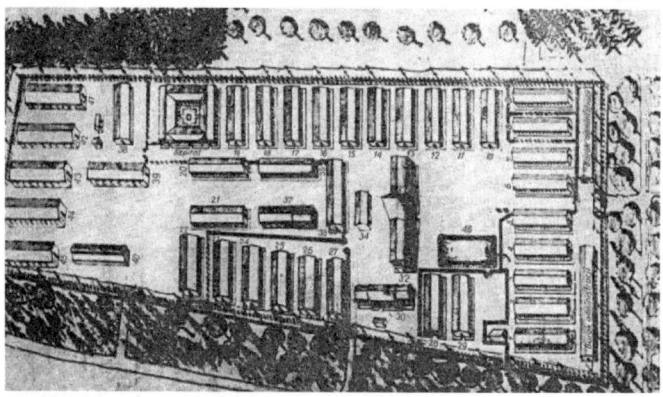

Plan vom Lager Potulice

Pritsche hinein rollen. Stellt euch die dicke Luft vor, mit so vielen Menschen, nachts. Manchmal versuchten Menschen, das Fenster aufzumachen, dann sagte ein anderer wieder: „Mach das Fenster zu!" „Hier ist ein Kind, das wird sich

40

erkälten!" „Hier ist eine kranke Frau!" Einer hat das Fenster aufgemacht, ein anderer hat es wieder zugemacht.

Nachts haben wir uns nicht ausgezogen. Wir suchten, ob wir noch etwas zum Anziehen finden konnten. Auch wenn es Sommer war. Als der Winter kam war mir nachts so kalt. Ich habe so gezittert, dass die Frau unter mir sagte: „Sei still, die ganze Pritsche bewegt sich von deinem Zittern." Da gab sie mir eine Schürze, damit ich mich ein wenig zudecken konnte. Und so schliefen wir.

Meine Mutter schlief ganz unten mit meinem kleinen Bruder. Als ich eines Morgens heruntersprang von oben, schaute sie mich an und sagte: „Krystyna, du hast dich im Gesicht gekratzt. Du bist voller Blut." Das waren zerdrückte Wanzen im Gesicht. Uns wurde gesagt, wir würden Insekten bringen, aber in der Baracke waren überall Wanzen. Wenn es dunkel wurde, kamen die Wanzen heraus und bissen die Menschen. Ich lag ganz oben. Und die oben waren bekamen am meisten von den Wanzen zu spüren. Und wenn man die Wanzen zerdrückte, stank das.

Der Lagerführer kam zur Kontrolle und schaute herum, aber nicht auf uns, sondern auf die Wände der Baracke. Die Wände waren feucht. Aber das war normal, wenn 300 Menschen atmen. „Hier ist es feucht. Die Baracke wird schnell kaputt gehen. So geht das nicht. Die ganze Nacht müssen die Fenster offen sein. Und wenn einer das Fenster zumacht, geht er in den Bunker." Und Bunker bedeutete das Aus für diesen Menschen.

Der Winter kam, wir hatten nichts zum Zudecken, wir waren hungrig und schwach, und die Fenster waren offen. Man musste sich bewegen, um nicht zu erfrieren. Wie viele schwache Menschen oder Kinder hatten keine Kraft sich zu bewegen, und am Morgen waren sie steif, waren erfroren, bei den offenen Fenstern. So kalt war es.

Es gab kein Krankenlager. Es hieß: alle sind gesund und arbeitsfähig. Die Kinder – mein Bruder war 4 Jahre alt – mussten, als es noch nicht geschneit hatte, Tannenzapfen suchen oder Brennnessel für Suppe, oder Blaubeeren sammeln. Aber die Beeren durften sie nicht essen. Die Kinder mussten die Zunge zeigen, ob sie blau waren von den Beeren. Wenn einer eine blaue Zunge hatte, wurde er geschlagen.

Das Lager – der Appell

Jeden Tag mussten wir frühmorgens zum Appellplatz gehen und dort stillstehen. Wir mussten warten bis der Lagerführer kam und uns Arbeit zuteilte.

Wenn er gut gelaunt war, bei gutem Wetter, kam er früh. Aber wenn es geregnet oder geschneit hatte, kam er später. Und wir standen so lange, bis er kam. Der Sommer war so heiß, und wir standen auf dem Appellplatz und die Sonne brannte auf den kahlen Kopf. Mir wurde einmal ohnmächtig, und ich bin kurz hingefallen. Aber wir mussten stillstehen. Er kam immer mit einer Peitsche und schaute auf die Menschen und wir standen alle in der Reihe. Mit der Peitsche zeigte er auf Menschen: „Du, austreten, Du austreten." Da musste man gleich nach vorne kommen und eine Kolonne bilden, bis zu 30 Menschen. Dann kam die nächste. Niemand wusste, wozu er gewählt worden war. War es eine Kolonne in den Bunker, oder zum Erschießen oder zur Arbeit? Wir wussten es nicht. Man musste aber gleich nach vorne kommen. Als alle ausgewählt waren, kamen jeweils

Wachmänner zu einer Kolonne. Ich erinnere mich an einen ganz jungen, und einen etwas älteren. Sie wussten, wohin sie

Der Appellplatz im Lager Potulice

die Kolonne führen mussten. Sie gingen nicht zu Fuß, sondern fuhren mit dem Fahrrad. Dort hatten sie einen Hund angebunden. Einer war vorne und einer am Ende. Wenn einer gute Laune hatte, pfiff er, und es ging langsam. Aber wenn er böse war, fuhr er schnell und so mussten wir laufen. Unsere Schuhe waren schon kaputt. Da bekamen wir Holzschuhe. Als es noch nicht geschneit hatte und noch kein Frost war, ging das. Aber als der Schnee und Frost kamen, klebte der Schnee an den Holzschuhen. Wir konnten nicht schnell laufen. Die Menschen fielen teilweise um, sie waren sehr schwach. Aber man musste schnell aufstehen, um nicht am Ende zu bleiben. Es war so: wenn jemand am Ende geblieben ist, und er nicht weiterkonnte, hat einer dem anderen geholfen, wenn man das gesehen hat, und ihn unter die Arme genommen: komm, komm. „Nein, lasst mich liegen." Einer hat dem anderen geholfen. Ich bewundere, wie die Menschen sich gegenseitig halfen. Ich will überleben, aber du sollst auch überleben. Wenn einer liegen blieb und ihm nicht zu helfen war, kam der Wachmann mit seinem Gewehr und sagte: „Mensch, es ist schade um Munition für Dich." Dann schlug der Wachmann zweimal mit dem Gewehrkolben auf den Kopf und er war tot. Und so lag der Tote so lange auf dem Weg, bis wir denselben Weg am Abend ins Lager gingen. Und wir mussten den toten Menschen ins Lager schleppen. Die Deutschen waren sehr genau. So viel Menschen, die herausgekommen waren, mussten zurück. Tot oder lebendig. Wir wurden immer gezählt. Am Tor wurde geschaut: „Diese Kolonne, so viel Plus, so viel Minus. Es stimmt. Ihr könnt in die Baracke gehen." Alle mussten zurück, lebendig oder tot.

Das Lager – die Arbeit

Wir hatten verschiedene Arbeit. Ich kann nicht über alle sprechen. Am Ende hatten wir Schützengräben für die Soldaten gemacht. Wir meinten, die Front sei schon in der Nähe. Wir wussten es nicht, weil wir keine Nachrichten hatten. Wir mussten zwei Meter tiefe Gräben ausheben und auch Stellungen fürs Maschinengewehr.

Zwei Wachmänner haben uns bewacht, während wir die Gräben aushoben. Die Wachmänner durften nicht mit uns sprechen, sondern nur mit uns schreien. Das Leben war von den Wachmännern abhängig. Den ganzen Tag haben wir immer nur gehört: „Verfluchte Polen. Am besten würde ich euch erschießen. Aber das wäre zu gut für euch. Ihr sollt durch Hunger, durch Krankheiten, durch schwere Arbeit krepieren!" Das hörten wir die ganze Zeit.

Arbeit im Lager Potulice

Der ältere Wachmann war vielleicht 50 Jahre alt. Einmal bekamen wir einen ganz jungen Wachmann, wir Mädchen waren 15 Jahre alt, das war ein schöner Mann, wir schauten auf ihn. Er war blond, hatte lockige Haare. Aber wir sagten, wie in einer so schönen Gestalt so viel Wut und Hass sich auf uns befinden kann. Wie er uns anschrie. Er ging hin und her, wir arbeiteten, wir hatten Angst. Wenn ihm dein Gesicht nicht gefallen hat, sagte er: „Nummer?" Und er hat sich die Nummer aufgeschrieben und ging weiter. „Und deine Nummer?", so etwas. Er schrieb sich ein paar Nummern auf, und als wir ins Lager zurückkamen, gab er den Zettel am Tor ab und diese Menschen mussten austreten und gingen in den Bunker. Und Bunker hieß: es war schon aus.

Ein Wachmann hatte Angst vor dem anderen.

Einmal, als wir am Graben waren, wir jungen Mädchen arbeiteten zusammen, an einer Stelle. gingen die Wachmänner wieder hin und her. Da schaute der ältere Wachmann, wo der junge Wachmann war, er war weggegangen. Er stand am Rand des Grabens, schaute aber zu einer anderen Seite, damit nicht gesehen wird, dass er mit uns spricht, und dann sprach er zu uns: „Mädchen, ich muss euch anschreien, ich muss zu euch böse und schlecht sein. Wenn ich das nicht tue, dann wird mein Kollege einen Rapport über mich machen und ich gehe an die Front. Aber ich will den Krieg überleben. Ich habe zuhause Frau und Kinder in eurem Alter. Ich will den Krieg überleben. Ich muss euch anschreien."

Und er stellte sich uns vor. „Mein Name ist Heinrich Weckler."

Und wir sagten: „Heinrich, schrei so laut du nur kannst." Wir wussten, dass er nur schreien, aber nicht unsere Nummer aufschreiben würde. Er wollte den Krieg überleben. Ein Wachmann und der andere Wachmann. Ich sage nicht, dass alle so waren. Aber wir verlangten nicht, dass die Wachmänner uns liebhaben sollten, nur dass sie menschlich sind.

Das Lager – ein traumatisches Schicksal

Es gab eine Familie, mit Vater, Mutter und drei Söhnen.

Einer der Söhne hatte Glück gehabt, er hatte Arbeit bei einem Bauern bekommen. Die haben Kartoffel sortiert, so etwas. Und ich weiß nicht, warum das der Junge machte, aber er hat sich eine Kartoffel in die Tasche gesteckt. Alle waren hungrig. Aber was er damit machen wollte, weiß ich nicht. Es gab keine Gelegenheit, zum Kochen. Wollte er diese roh essen? Ich weiß es nicht.

Aber am Tor wurde immer kontrolliert, ob jemand etwas bei sich hat. Und sie haben die Kartoffel gefunden. Da riefen die SS-Männer den Vater und sagten zu ihm: „Dein Sohn hat den deutschen Bauern beklaut. Er hat ihm eine Kartoffel gestohlen. Du hast einen Dieb erzogen. Und du wirst deinen

Sohn dafür bestrafen. Weißt du, was du machen wirst. Du selbst wirst deinen Sohn am Baum aufhängen für die Strafe." Der Vater sollte den eigenen Sohn am Baum aufhängen, weil er hungrig war und eine Kartoffel gestohlen hatte. Der Vater sagte: „Nein, das mache ich nicht. Nein." - „Doch, du machst das. Wenn du das nicht in 5 Minuten machst, dann wirst du hängen, deine Frau und die anderen zwei Söhne."

Jeder wusste, dass die SS-Männer so etwas fertigbekommen. Der Wachmann sagte: „Eine Minute, zwei Minuten ..." Und der Vater hat seinem Sohn die Schnur über den Kopf gelegt und hat ihn aufgehängt.

Wir hatten immer die Hoffnung, dass wir befreit werden. Vielleicht meinte er, wenn er den Sohn aufhängt, dann wird die Frau noch leben, er auch und auch die anderen Söhne. Vielleicht überleben wir das. Er meinte sicherlich, er könne den Rest der Familie retten. Er hat das gemacht. Der Vater brachte seinen eigenen Sohn um.

Aber am nächsten Tag haben wir den Vater immer am Appellplatz gesehen, er lief herum, hat geschrien, hat gelacht, dann hat er geweint, hat gesungen. Er ist verrückt geworden. Er konnte das nicht aushalten, dass er das gemacht hatte. Drei Tage haben wir ihn gehört, dann nicht mehr, dann wurde er erschossen.

Das Lager – der Hunger

Alle waren sehr hungrig.[14] Mein vierjähriger Bruder verstand nicht, was geschehen war, dass er immer hungrig war. Er

---

[14] Die Tagesration betrug 250 Gramm Brot, zu dem manchmal eine kleine Menge Margarine oder Rote-Bete-Marmelade hinzugefügt wurde, sowie 3/4 Liter dünne Suppe. Das Essen war von schlechter Qualität.

sagte immer zu mir: „Krystyna, du gehst zur Arbeit. Wenn du zur Arbeit gehst, kauf mir was, ich bin hungrig." – „Aber ich habe kein Geld." - „Aber du arbeitest, dann hast du doch Geld." Wie sollte ich ihm das erklären? Und er wartete immer an der Baracke auf mich, wenn ich zurückkam und fragte immer: „Hast Du etwas zu essen für mich?" Irgendwann sagte ich: „Die Geschäfte waren zu." Ich habe immer eine Ausrede gesucht. Dann ging er traurig weg, ich hatte ihm nichts mitgebracht. Ich fragte mich, was ich für ihn tun könnte. Er hat mir so leidgetan; so klein, so blass, krank.

Kinder am Stacheldrahtzaun von Potulice

Einmal wurde gesagt: wenn jemand sich zu schwerer Arbeit freiwillig meldet, bekommt er eine Zulage zum Essen. Da waren Männer, die sich hinstellten, und ich sagte mir, ich gehe auch dahin, vielleicht bekomme ich ein bisschen etwas zum Essen. Wir wussten nicht, ob wir wirklich etwas bekommen würde. Aber ich ging dorthin und stellte mich zu den Männern. Die Männer haben geschaut: „Du Mädchen, hau ab, du bist zu schwach. Das ist immer eine schwere Ar-

---

Zum Beispiel wurden Suppen oft mit verdorbenem Fleisch gekocht, manchmal mit Würmern. (Information bei https://tygodnikbydgoski.pl Ereignisse im Arbeitslager Potulice)

beit. Du bekommst das nicht fertig. Hau ab, denn wir werden mit dir nur Kummer haben. Du kannst hier nicht stehen."

„Nein, ich kann jede Arbeit tun. Ich bin stark." Ja, ich hatte blau unterlaufene Augen. Ich wusste nicht, wie weit ging es. „Gut, wir haben dich gewarnt." Ich ging also.

Wir kamen an eine Stelle, da war ein großer Haufen Steine, große Steine. Und der Wachmann kletterte auf den Haufen und Frauen – da waren ein paar ältere Frauen – bekamen immer zu zweit eine Kiste zum Tragen, und wir sollten die Kiste voll Steine machen und dann wegbringen. Die Männer haben damit eine Straße gebaut. Schon leer war die Kiste schwer. Aber wir sollten sie vollladen und haben das gemacht, damit nicht gesagt würde, dass die Polen faul wären.

Ich ging mit einer Frau und wir trugen gemeinsam eine Kiste. Da schrie der Wachmann: „Zurück, zurück!" und schob dann noch zwei Steine in unsere Kiste hinein. Die Kiste war so schwer. Die konnte man unmöglich tragen. Aber die Frau hob an, und der Wachmann schrie: „Schnell!", denn es kamen wieder andere mit Kisten an. Ich versuchte es einmal, ging nicht, ein zweites Mal ging nicht, beim dritten Mal schrie der Wachmann: „Verfluchte Polen, schneller!" Ich hob die Kiste mit meiner ganzen Kraft hoch, bis mir das Blut aus der Nase in den Mund lief. Mit dem Ärmel wischte ich das Blut weg, und hob mit ganzer Kraft die Kiste hoch. Wie besoffen ging ich, so schwer war die Kiste. Am Ende des Tages hatte ich die Augen geschlossen. Die Frau zog mich. Mir sind die Augen beinahe ausgefallen vor Erschöpfung, weil das so schwer war. Dann sah ich, dass da etwas los war. Die Männer standen da. Da haben wir die Zuteilung bekommen. Was war das? Das war eine ganz ganz dünne Scheibe Pferdewurst. Sie war so dünn, sie war fast durchsichtig. Aber sie war geräuchert und wie gut sie roch. Die Männer steckten die Wurst gleich in den Mund. Von der Scheibe konnte man nicht satt werden. Ich nahm die Scheibe auf die Hand. Wie das roch. Ich war so hungrig. Aber ich wollte das meinem Bruder bringen. Doch die Wurst roch so gut. Ich dachte mir, wenn ich sie aufesse, wird das niemand erfahren. Niemand wusste, dass ich mich gemeldet hatte, meine Mutter nicht. Also wenn ich das aufesse, wird das auch niemand erfahren. Beinahe hätte ich die Wurst schon aufgegessen. Aber dann würde mein Bruder fragen: „Krystyna, hast du was für mich?" Stellt euch den inneren Kampf vor: aufessen oder dem Bruder mitnehmen? Ich sagte mir, ich muss ihm etwas mitbringen. und ich machte die Faust zu. Ich habe meine Schwäche besiegt. Ich kam so ins Lager mit der Wurst in der Faust.

Arbeit im Steinbruch (eigentlich nur für Männer)

Als ich am Tor war, sah ich meinen Bruder, wie er an der Baracke stand. Er hatte mich noch nicht gesehen, denn es kamen ja viele Leute zu dieser Zeit ins Lager, und er suchte mich. So klein, so blass, so traurig stand er da und suchte mich zwischen den Leuten. Als ich näher kam lief er zu mir:

„Krystyna, hast du mir etwas zum Essen mitgebracht? Ich bin so hungrig." Ich sagte: „Ja!" und habe meine Faust aufgemacht und ich sehe, wie er zum ersten Mal seit wir im Lager waren ein Lachen im Gesicht zeigt. Er sagt: „Krystyna, du hast mir Wurst gebracht. Das ist Wurst." Wie er sich gefreut hat. Er hat bis zum letzten Stück von meiner Hand die Wurst genommen und in den Mund gesteckt. Und als ich sah, wie glücklich er war, wie er sich gefreut hat, lief er zu meiner Mutter in die Baracke und sagte zu ihr: „Mutti, Krystyna hat mir Wurst mitgebracht." Meine Mutter sagte: „Nein, das ist doch unmöglich. Woher konnte sie Wurst haben?" – „Du willst das nicht glauben, schau mal." Er hatte die Wurst noch auf der Zunge, und machte den Mund auf, und zeigte die Wurst der Mutter. „Krystyna hat mir Wurst mitgebracht." Ich war so glücklich, dass ich das gemacht hatte. Von der Scheibe Wurst war er nicht satt. Aber er war so glücklich, er hat gelacht, zum ersten Mal habe ich ihn im Lager lachen sehen. Das war der Lohn dafür, dass ich das für ihn gemacht habe.

Meine Mutter hat mich dann ausgefragt. Ich erzählte alles meiner Mutter. Sie hat kein Wort gesagt. Aber ich habe mich niemals mehr zu einer solchen Arbeit gemeldet. Denn ich wusste, dass ich das nicht mehr schaffen würde.

Das Lager – die Hoffnung

Wir hatten keine Nachrichten von außen.
Wir in Polen sind zu rund 90% katholisch. Wie wir im Lager gebetet haben, dass wir überleben. Wir hatten immer die Hoffnung, dass wir doch herauskommen. Meine Mutter

sagte: „Einmal muss der Krieg zu Ende gehen. Vielleicht kommen wir nach Hause."

Manchmal war ich so krank. Ich sagte: „Mutti, ich gehe nicht mehr zur Arbeit. Ich bleibe in der Baracke. Mir ist es egal, ob ich heute oder morgen sterbe. Mir ist es egal. Soll ich auf dem Weg liegen bleiben? Ich bleibe in der Baracke. Ich bin so krank, ich bin so schwach, ich gehe nicht." Meine Mutter sagte mir immer: „Krystyna, der Herrgott lässt nur so viel Schmerz, so viel Leid zu, wie der Mensch aushalten kann. Und wenn er das nicht aushalten kann, dann nimmt der liebe Gott ihn zu sich. Versuch noch einen Tag, geh zur Arbeit. Mach das für mich. Nur einen Tag. Vielleicht wird es morgen besser sein."

Sie sagte immer: „Du willst heute sterben? Vielleicht werden wir morgen befreit."

Und meine Mutter sagte auch: „Gott lädt uns nur so viel auf, wie wir tragen können, und wenn wir es nicht schaffen können, dann kommen wir zu Ihm."

Wir wussten nicht, ob der Krieg schnell zu Ende ist. Einer hat dem anderen die Hoffnung gegeben. Einmal kam ein Mann und sagte: „Ich konnte in der Nacht nicht schlafen, und ich habe gehört und gesehen, da ist ein englisches Flugzeug geflogen, und die Front muss schon in der Nähe sein." Wir fragten: „Wie kannst du sagen, dass da ein englisches Flugzeug war?" Er meinte, er hätte englische Zeichen entdeckt. Wir dachten, das ist unmöglich. Aber wir glaubten: „Vielleicht doch, vielleicht doch." Und das war die Hoffnung. Vielleicht war das so. Eine hat gesagt: „Habt ihr in der Nacht gehört, den Kanonendonner von weit her? Es war zu hören. Die Front ist in der Nähe."[15]

---

[15] Unweigerlich wird man hier an Jurek Beckers Roman „Jakob der Lügner" erinnert. Jakob Heym erhascht aus dem Radio des SS-Posten

Wir hatten nichts gehört. Aber wir sagten: „Vielleicht war das so."

Das war unsere Hoffnung. Wir haben uns an alles gehalten, was uns Hoffnung geben konnte.

Vielleicht werden wir befreit.

Und meine Mutter hat uns immer so viel Kraft gegeben. Denn ich war im Lager nur mit meiner Mutter und meinen zwei Brüdern. Mein Vater wurde gleich einem Kommando in einem anderen Lager überstellt, und war dann einfach weg. Wir wussten nicht, ob er lebt, wo er ist. Meine Schwester wurde auch ausgewählt in ein anderes Lager. Meine Mutter sagte: „Wir werden alle zerstreut. Nach dem Krieg werden wir niemals mehr zusammenfinden." Keiner wusste etwas vom anderen.

Einmal wurde ich auch in eine Kolonne gewählt, die nach außen ging zu einem anderen Lager. Aber weil ich so lange auf dem Platz stillstand, war es mir so schlecht, mir wurde ohnmächtig und bin umgefallen. Wenn einer umgefallen und fast tot war, wurden die Leute auf einen großen Haufen geschmissen. Manche kamen nach einer Weile wieder zu sich. Nach einiger Zeit war ich wieder wach: „Wo bin ich? Der Appellplatz ist frei. Kein Mensch." Da bin ich auf allen vieren vom Haufen in die Baracke gegangen und ich lebte.

Meine Mutter erzählte uns, wie ein Märchen: „Wir leiden für das Vaterland. Wenn der Krieg zu Ende geht, kommen wir nach Hause. Alles, was wir verloren haben, bekommen wir zurück, und bekommen noch Besseres. Die Leute werden uns sagen: das waren Polen."

---

am Ghetto-Eingang die Zufallsinformation, dass die Russen bereits bei Bezanika stehen und die Front durchbrechen. Von da an ist es seine Aufgabe, neue Informationen zu erfinden und die Menschen zu ermutigen: hört auf, keine Hoffnung zu haben.

Die Befreiung

Wie die Befreiung aussah.

Uns wurde gesagt, wir sollten uns fertig machen, wir würden in ein anderes Lager kommen.[16] Das würde ein langer Weg sein. Wer schwach sei, alte Leute oder Kinder, sollte im Lager bleiben. Dann würden sie mit Autos in das andere Lager gebracht. Niemand kam an, alle wurden erschossen. Aber jeder, der nur ein bisschen gehen konnte, ging. Die Deutschen wollten uns nicht frei lassen. Wir gingen zu Fuß, aber ein Auto mit der ganzen Personen-Kartei von uns, fuhr mit uns. Die Dokumentation des Lagers mit unseren Personaldokumenten ist in einem Archiv. Es wurde „politisches Lager" genannt. Wir marschierten im Schnee und wussten nicht, wohin es geht. Irgendwann merkten wir, dass zwei Wachleute nicht mehr da waren. Dann war wieder einer verschwunden. Es waren immer weniger Wachleute zu sehen. Auf einmal waren Häuser zu sehen und einige Menschen liefen weg. Aber niemand sah sie, keiner schoss. Wir kamen in ein Dorf und es waren keine Wachleute mehr da. Wir waren frei.

Das Lager war nicht weit von Grudziądz entfernt. Als wir zu Fuß nach Hause gingen, gingen wir allerdings Richtung Front. Wir mussten also vor unserer Stadt warten, denn sie war noch nicht befreit. Ungefähr 15 km von unserer Stadt entfernt haben wir in einer Schule gewartet. Da saßen wir und über uns hörten wir die Flieger, wie sie unsere Stadt bombardierten. Und wir sahen dann Feuer. 8 Wochen lang wurde in unserer Stadt gekämpft. In der Festung hatten sich die Deutschen verbarrikadiert. Als die Stadt befreit war gin-

---

[16] Dies war am 21. Januar 1945. (A.a.O. https://tygodnikbydgoski.pl)

gen wir über die Weichsel. In der Stadt lagen noch erschossene Menschen auf der Straße, sie bluteten noch. Meine Mutter schaute, da brennt es, in dieser Richtung ist unsere Wohnung, vielleicht brennt unsere Wohnung.

Das zerstörte Grudziądz nach dem II. Weltkrieg

Und dann kamen wir nach Hause. Wir kamen in eine leere Wohnung. Eine Wand war ganz zerstört, eine Bombe war hineingefallen. Wir konnten nur auf einer Seite in der Wohnung schlafen.
Im Lager lag ich auf einer Pritsche, nichts zum Zudecken. Und zuhause lag ich auf dem Boden, auch nichts zum Zudecken. Auf dem Boden schliefen wir. Es war Januar, als wir aus dem Lager kamen. Grudziądz wurde im März befreit.[17]

---

[17] Grudziądz wurde am 9. Februar 1945 von der Roten Armee eingekesselt. Erst am 6. März 1945 kapitulierten die deutschen Besatzer mit einer Armee von ca. 9.000 Mann. Im Zuge der Kampfhandlungen wurde die Stadt zu etwa 60 % zerstört.

Wir waren zwei Monate unterwegs gewesen. Jetzt waren wir weiter hungrig, aber wir waren glücklich, dass wir frei waren. Ihr könnt euch nicht vorstellen, was Freiheit bedeutet. Wir konnten sprechen, wir konnten überall hingehen. Wir schauten nicht mehr durch den Stacheldraht auf die Sonne. Wir waren frei.

Als wir uns gefunden hatten nach dem Krieg, waren wir glücklich. Erst kam mein Vater, dann meine Schwester. Mein Vater ging zuerst zur Arbeit, in die Gastanstalt. Und er sieht Herrn Gräber, unseren Nachbarn, mit dem er 16 Jahre gearbeitet hat. Und er schaut meinen Vater an und sagte zu ihm: „Herr Kozak, Sie leben?" Es war bekannt geworden, wenn die Polen ins Lager gehen, kommen sie nicht mehr heraus.

So fanden wir uns als Familie wieder. Nur meine Schwester, die bei der deutschen Familie in Deutschland, in Augsburg war, kam erst nach zwei Jahren wieder, da haben wir sie erst gefunden. Wir hatten vorher immer Briefe zu der Adresse geschrieben, die wir hatten, aber niemand antwortete. Wir dachten, sie sei tot. Nach zwei Jahren haben wir sie dann gefunden. [18]

---

[18] Diese Schwester, die auf dem Familienfoto 1949/1950 (s.u.) nicht mehr zu sehen ist, ging als Nonne in einen Frauenorden. Und wie die kleine Weltgeschichte manchmal läuft, kam es im Jahr 2002 zu einem Kontakt zu einem der Kinder, welche diese Schwester zunächst in Grudziądz, dann in Augsburg betreute. Ein Sohn war nach Köln gezogen und es kam dann zu einer persönlichen Begegnung dort im Jahr 2003. Diese Ordensschwester ist vor einigen Jahren verstorben.

Familie Kozak 1949/1950, Krystyna Kozak in der Mitte rechts.

Versöhnung? – Versöhnung!

Als bei uns in Polen von der Versöhnung gesprochen wurde, war das nicht einfach.[19] Die Bischöfe, die Priester sagten uns,

---

[19] Diese Versöhnung begann mit den Kontakten polnischer und deutscher Bischöfe während des II. Vatikanischen Konzils (1963-1965). Am 6. März 1966 ließ Kardinal Wyszinski als Primas der polnischen katholi-

wir sollten den Deutschen vergeben. Ich sagte: „Niemals werde ich das tun, niemals." Ich habe gesagt: „Lasst die Deutschen glücklich leben, ich wünsche ihnen nichts Böses, aber lasst mich in Ruhe. Ich werde nicht vergeben." Wenn ich vor Schmerzen nachts nicht einschlafen konnte, wenn mein Kissen nass von Tränen war. Ich hatte solche Schmerzen, da sagte ich: ich soll den Deutschen vergeben? Ich habe den Deutschen doch nichts Böses getan. Und ich musste so viel durchmachen. Aber lasst mich in Ruhe. Aber nein, es wurde immer wieder von Versöhnung gesprochen.

Nach einiger Zeit, es hat lange gedauert, da habe ich so überlegt: „Naja, ich bin katholisch. Jeden Tag bete ich: vergib uns unsere Schuld, wie auch wir vergeben unseren Schuldigern. Wenn mir der liebe Gott meine Schuld vergeben soll, muss ich doch auch den anderen vergeben."

Ich habe es getan. Sonst wäre ich nicht hier in Deutschland. Ich habe das getan. ich habe keinen Hass auf euch Deutsche. Sonst wäre ich nicht hier. Ich bin sehr glücklich, wenn ich sehe, dass ihr in besseren Zeiten lebt. Denn ich bin oft in Schulen. Die jungen Leute sprechen in den Pausen zusammen, lachen, machen Spaß. Und ich schaue, ich bin nicht eifersüchtig. Wie schöne Zeiten ihr habt. Ihr könnt lernen, das ist wichtig. Ich konnte nicht weiter lernen. Ich musste zur Arbeit gehen, wir hatten nichts. So wie wir standen, kamen wir nach Hause.

Ihr könnt lernen, schätzt das. Es ist nicht wichtig, ob jemand eine schöne Jacke oder Hose hat von bestimmten Marken.

---

schen Kirche einen Hirtenbrief zur Versöhnung von den Kanzeln verlesen.

Im Land der Täter

Als ich das erste Mal nach Deutschland kommen sollte, fragte man mich: „Du willst in das Land der Täter gehen? Und du willst der deutschen Jugend etwas erzählen? Die werden dich nicht hören wollen. Die sind doch nach dem Krieg geboren."

Ja, da wurde ich misstrauisch und hatte Angst herzukommen. Das ist wahr. Ihr seid nach dem Krieg geboren, ihr habt keine Schuld an all dem. Es ist aber etwas ganz anderes, wenn man ein Buch liest oder einen Film sieht, als wenn man einem Zeitzeugen zuhört, der das von seinem Leben erzählt.

Ich meine, das ist eher zu verstehen, so meine ich. Ich bin sehr glücklich, dass ich hierherkommen konnte.

Es tut mir gut, wenn ihr mir so lange zuhört.

Ich meine, dass ihr mich verstanden habt. Vielleicht könnt ihr in eurem Leben etwas ändern. Vielleicht habt ihr verstanden, was wirklich wichtig ist. Wenn ich spreche, weiß ich, dass ihr zuhört. Aber was ihr darüber denkt, weiß ich nicht. Aber manchmal bekomme ich Briefe, die mir guttun. Denn dann weiß ich, dass meine Mühe nicht umsonst war, dass ihr das verstanden habt.

Einmal hat eine Schülerin mir einen Brief geschrieben. Das Mädchen schrieb: „Ich bin allein zuhause. Mein Vater und meine Mutter arbeiten, und ich habe alles. Was ich mir wünsche, kaufen mir meine Eltern. Und ich weiß nicht mehr, was ich mir wünschen soll. Aber als ich Ihre Geschichte hörte, da sagte ich mir, ich will nichts mehr. Ich bin frei, es ist kein Krieg, was will ich noch mehr."

Meine Verantwortung

Ich fühle mich verpflichtet, über diese Zeit zu sprechen. Ich sage immer, im Namen derer, die das Lager nicht überlebt haben, aber auch im Namen derer, die noch leben, aber nicht imstande sind nach Deutschland zu kommen.

Meine Schwester ist nur ein Jahr älter als ich und kann auch Deutsch. Sie ist so krank. Die Leute, die das Lager überlebten, sind seelisch und körperlich verwundet. Diese Menschen sind oft so krank. Ich habe mir vorgenommen, so lang wie es geht, werde ich nach Deutschland kommen, und in die Schulen gehen, die mich einladen und mich hören wollen. Wenn mir einer nicht zuhören will, habe ich nichts dagegen, dass er weggeht. Man darf niemand zu etwas zwingen.

Ich wurde gezwungen Deutsch zu reden. Deshalb hatte ich einen Hass auf diese Sprache. Nein, man darf niemanden zu etwas zwingen. Aber wenn die Schulen mich einladen und das hören wollen, bin ich immer sehr froh, obwohl das nicht leicht für mich ist.

Ich danke euch, dass ihr mir so lange zugehört habt. Ich spüre, dass ihr mir den Ballast, der mich so lange bedrückt hat, abnehmt. Das tut mir auch gut. Ich danke euch dafür.

Als ich das erste Mal im Kino war, war ich 18 Jahre alt.
Nach dem Krieg musste ich die polnische Grundschule beenden, um polnisch richtig schreiben zu lernen. Ich konnte nur gut Deutsch schreiben.
Ich sage immer zu den jungen Leuten: verlangt nicht zu viel vom Leben. Seid glücklich, dass Ihr solche Jugendzeiten habt. Schätzt das. Macht alles, dass es niemals mehr dazu kommt, dass ein Mensch dem anderen so etwas tut. Ihr

könnt alle viel machen. Wartet nicht auf andere. Fangt an von euch aus. Ich sage immer: wartet nicht auf die Regierung, ob jemand etwas für euch tut. Fangt an. Ich sage immer: liebt den Freund, aber versuche auch den Feind zu lieben. Das ist schwer, aber versucht es. Habt keinen Hass auf andere Menschen. Seid tolerant.

Alles Gute wünsche ich euch. Grüßt eure Eltern und Großeltern.

Ja, so war es.

Gedenktafel am Ort des ehemaligen Arbeitslagers Potulice von 2002: „Zur Erinnerung an die Männer, Frauen und Kinder des nazistischen Lagers in Potulice, die zwischen 1941 und 1945 für Polen gelitten haben und gestorben sind."

Krystyna Kozak, im November 2018, 1 Monat vor ihrem 90. Geburtstag

Begegnungen mit Schüler*innen der Hochtaunusschule Oberursel

Begegnungen mit Schüler*innen der Hochtaunusschule Oberursel

Liebe Frau Kozak!
Wir danken Ihnen, dass wir durch
Ihre bewegenden Schilderungen einen
tiefen Eindruck von einer sehr dunklen
Zeit bekommen konnten, die wir
zum Glück nicht erleben mussten und
uns auch nicht wirklich vorstellen
können.

Liebe Frau Kozak,
Wir, die 12FO12 bedanken uns herzlich für Ihren persönlichen
und bewegenden Vortrag.
Ihre Mission ist sehr wertvoll und wichtig für die Zukunft
der Welt, damit die junge Generation weiß, was Krieg bedeutet
und sowetwas nie wieder passiert.

Außerdem haben Sie uns gezeigt, dass wir in einer schönen
Zeit leben und dies werschätzen müssen.

Wir bedanken uns bei Ihnen, dass Sie diesen Weg gegangen
sind, trotz Ihrer Befürchtung vor dem ersten Vortrag.
Wir wünschen Ihnen alles Gute, Gesundheit und viel Kraft.

Danke, dass sie
hier waren, um uns an
ihrem Leben teilhaben
zu lassen!

Ich weißes zu schätzen,
dass sie uns von einer
schlimmen Zeit erzählt
haben.

Liebe Frau Kozak,

die Klasse 11B61 dankt Ihnen vielmals dafür, dass Sie uns von ihrer schweren Zeit im Krieg erzählt haben. Wir lauschten Ihnen gespannt und sind dankbar, dass Sie Ihre Erfahrungen mit uns geteilt haben.

Mit freundlichen Grüßen.

Dziękuje bardzo za przejazd i wszystkiego najlepszego w przyszłości

Pozdrawia

Vielen Dank für die interessanten Einblicke, die Sie uns in die damalige Zeit gegeben haben.

Literatur- und Quellenhinweise

Adler, H.G.: Theresienstadt 1941-1945. Das Antlitz einer Zwangsgemeinschaft, Göttingen: Wallstein [3]2018.

Aschkewitz, Max: Zur Geschichte der Juden in Westpreußen, Johann Gottfried Herder-Institu: 1967

Becker, Jurek: Jakob der Lügner, Rostock: Hinstorff [6]1982.

Der Große Brockhaus. Band 7, Leipzig: Brockhaus [15]1930.

Grabowska, Małgorzata; Panius, Katarzyna; Kępski, Łukasz; Mansholt, Malte: Potulice – ein Ort, zwei Erinnerungen. Geschichtswerkstatt Europa, Oldenburg – Toruń: 2009.

Hirsch, Helga: Rache ist eine Krankheit. Im Lager Potulice litten zuerst Polen, nach 1945 Deutsche, in: DIE ZEIT, 37/1998, vom 3.9.1998.

IPNtv Bydgoszcz - Obóz przesiedleńczy i pracy przymusowej Potulitz. Polnischer Dokumentarfilm der Delegation des Instituts für Nationales Gedenken in Bydgoszcz, 2018

Kamińska, Monika: POTULICE, tytuł: "Potulice 1941 - 1945". 2012.

Polski Związek Byłych Więźniów Politycznych Hitlerowskich Więzień i Obozów Koncentracyjnych (Polnischer Verband der ehemaligen politischen Gefangenen der nationalsozialistischen Gefängnisse und Konzentrationslager): Brief vom 6. Januar 2005 an den Verein zur Völkerverständigung zwischen Mittel-, Süd- und Osteuropa, 12161 Berlin mit dem Betreff: Generalplan Ost im Zusammenhang mit dem Schreiben der Stiftung Deutsch-Polnische Aussöhnung in Warschau.

Steinert, Johannes-Dieter, Deportation und Zwangsarbeit. polnische und sowjetische Kinder im nationalsozialistischen Deutschland und im besetzten Osteuropa 1939 – 1945, Essen: Klartext 2013.

Telewizja Asta: Reporterzy: Kazimierz Bembnista. Jak przeżyłem obóz w Potulicach (Wie ich das Lager in Potulice überlebte)" 2019.
Die dokumentarischen Fotos des Lagers Potulice sind dieser Reportage von Telewizia Asta entnommen, und http://www.anti-defamation.pl

https://tygodnikbydgoski.pl/wydarzenia/oboz-pracy-w-potulicach-tu-ginely-przede-wszystkim-dzieci

Worotyński, Wojciech: Casus „Potulice". Polnischer Dokumentarfilm 1999.

Bei weiteren Fotos konnten die Rechteinhaber nicht ermittelt werden. Ich bitte um entsprechende Hinweise.